AF227003

LES HABITANTS

INDIENS

DE PONDICHÉRY

A LA

Chambre des Députés.

LES HABITANTS

INDIENS

DE PONDICHÉRY

A LA

CHAMBRE DES DÉPUTÉS.

NANTES.

IMPRIMERIE W. BUSSEUIL,

RUE SANTEUIL, 8.

Mars 1816.

Pondichéry, 19 avril 1845.

MESSIEURS LES DÉPUTÉS,

Les habitants de cette colonie, privés déjà du droit de propriété de leurs champs et accablés sous le poids du plus onéreux des impôts, s'en sont plaints au gouvernement local diverses fois, et notamment par requêtes des 24 février 1840 et 15 mai 1844, dont ils joignent ici les copies, et par lesquelles ils ont réclamé la réintégration dans le droit de propriété, et le retour au principe d'imposition légale, soit de l'Inde, soit de la France *(un sixième du produit net, foncier)*.

Le gouvernement actuel, loin de compatir à la malheureuse position où se trouve le cultivateur après avoir acquitté l'impôt foncier existant, vient de commencer à mettre en pratique l'odieux système proclamé par l'ordonnance du 7 janvier 1828, et que tous les gouverneurs, instruits depuis par l'expérience, n'ont pas jugé à propos d'exécuter, c'est-à-dire ont reconnu vicieux et oppressif. Sous l'imposition existante, le cultivateur peut du moins trouver le prix de son travail compris dans les frais de culture, tandis que sous la nouvelle, il ne lui restera que moins et quelquefois rien du tout, et même moins que rien, d'autant plus que : 1° le rendement est loin d'atteindre le chiffre de l'évaluation arbitraire qu'on fait aujourd'hui du produit présumé de nos champs; 2° que les variations perpétuelles qu'occasionne dans leurs produits la sécheresse ou toute autre irrégularité des saisons n'entre point dans l'imposition commencée.

Dira-t-on que le creusement des canaux de rivières fait aux frais du gouvernement pour améliorer les irrigations de certaines aldées, a seul motivé la nouvelle imposition? 1° L'article 53 de l'ordonnance du 7 juin 1828 ne la borne point à ces aldées; 2° le gouvernement anglais crée annuellement dans les provinces de sa domination, des moyens d'irrigation qui lui coûtent des millions de roupies, il ne s'en fait dédommager que par la mise en valeur des terres incultes et ne songe nullement à s'en indemniser par un surchargement d'impôt sur les terres déjà cultivées ; d'ailleurs la création de nouveaux moyens d'irrigation ne fait que suppléer à l'irrégularité des saisons et au défaut de pluies périodiques devenus maintenant assez fréquentes.

Tous les motifs de notre plainte sont amplement exposés dans les deux requêtes précitées.

La voix que nous élevons aujourd'hui jusqu'au sein de la Chambre, et qui ne s'y fit jamais entendre, est la suite nécessaire de l'extrémité fâcheuse à laquelle nous réduit cette désastreuse imposition, dont l'art. 53, § 6 de l'ordonnance du 7 juin 1828, joint à l'avis du 13 mars 1845 ci-annexé, nous annonce une exécution forcée tandis que le gouvernement britannique qui convertissait en 1827, dans la province de Tanjaour, la redevance-produit, en redevance pécuniaire, n'exécuta cette mesure que chez les cultivateurs qui l'accueillirent volontairement et n'osa, jusqu'à présent, y forcer ceux qui s'y sont refusés et qui continuent de payer encore en nature. Tout cela suffirait à vous faire entendre nos maux et nos inquiétudes.

Il n'y a que votre justice, Messieurs, qui nous reste pour toute ressource. C'en est fait de nous, si cette justice ne vient nous sauver, et ce, promptement. Car, faibles que nous sommes, et végétant déjà dans la misère, nous n'entrevoyons dans la nouvelle imposition qu'un avenir nul pour nous.

Nous sommes avec respect,

Messieurs les Députés,

Vos très humbles et très obéissants serviteurs,

Pour les habitants indigènes de Pondichéry,

NADOUR SIDAM BAROM,
Chef de caste.

P. S. L'ordonnance du 23 juillet 1840 défend toute adresse collective.

REQUÊTE

ADRESSÉE

A M. DE SAINT-SIMON, GOUVERNEUR

Des Établissements Français dans l'Inde,

PAR LA REPRÉSENTATION

DES HABITANTS INDIENS DE PONDICHÉRY.

PROCÈS-VERBAL

DE LA SÉANCE DU COMITÉ DES NOTABLES HINDOUS, QUI S'OCCUPE DES INTÉRÊTS GÉNÉRAUX.

Le vingt-neuf janvier mil huit cent quarante.

PRÉSENTS :

MM. Rasendra Poullé, *président.*
Vingatarayer, *vice-président.*
Vingadassariar,
Nadou Sidambara Modéliar,
Moutoucomarassami Poullé,
Venou Chettiar,
P. Rangapa Chettiar,
Soupraya Modéliar,
R. Arounassala Chettiar, *membres.*
Caji Baderdine Saheb,
Balla Kichina Poullé,
S. Apassami Poullé,
Anassami Ayer,
Rassou Nalatambi Odéar,
Ramassami Sastriar,
Cojandé Dayrianada Modéliar,
Et
Ka Sivassidambara Modéliar, *secrétaire, tenant la plume.*

La séance est ouverte à six heures.

M. Nadou Sidambara Modéliar, chargé de la rédaction du projet d'adresse à M. le gouverneur des établissements français de l'Inde, relative au droit de propriété de terres à Adamanom de cette colonie, à l'adoucissement de l'impôt foncier actuellement existant et au dégrèvement de la perte intégrale, déposa ce projet d'adresse sur le bureau.

M. le président en a ordonné la lecture. Il a été examiné, discuté et unanimement approuvé par le comité, qui vota de présenter cette adresse à M. le gouverneur des établissements français de l'Inde, signée de son président. Fait à l'hôtel du comité, lesdits jour, mois et an que dessus. Signé Rasendrin, Vingatarave, Nadou Sidambarom, Ramassamy Sastry, Venou Chetty, S. Dayrianadin, Cazi Baderdim, P. Ragampa Chetty, R. Arounassalom, N. R. Annassamyaya, S. Souprayen, M. Vengadassariar, M. Moutoucomarassamy, M. Balakichnin, Rassou, Nalletamby et K. Sivassidambaron. Pour copie conforme, le secrétaire du comité, signé Rassou Nallatamby.

A M. le général marquis de SAINT-SIMON, pair de France, gouverneur des Établissements Français dans l'Inde.

MONSIEUR LE GOUVERNEUR,

La juste idée du devoir qui vous anime d'une sollicitude vive et paternelle sur le sort de vos administrés, fait l'espérance des indigènes de cette colonie qui ont longtemps souffert. L'amour de l'humanité qui vous porte à la protection des malheureux, est le palladium du bonheur des Hindous, qui voient sous votre administration l'aurore de leur liberté. Ces nobles caractères qui vous distinguent de tous les gouverneurs de cette ville, sont pour nous une sûre garantie du rétablissement de nos droits les plus sacrés, et du respect de nos intérêts les plus chers. De qui devons-nous les solliciter, si ce n'est des mains généreuses qui essaient de nous retirer d'une position qu'on peut assimiler à un tombeau animé?

Les biens les plus précieux d'une nation sont la liberté et la propriété; l'objet de leur association en corps social est la conservation de ces biens, indispensables à leur bien-être. La privation de l'un et de l'autre est sans contredit ce qui frappe de nullité l'existence civile de l'espèce humaine.

De tous temps, nous étions propriétaires, le gouvernement lui-même nous traitait comme tel. Les Mahométans qui violèrent tout, n'osèrent toucher à notre propriété (1); un article glissé inaperçu dans un arrêté de douze ans, a détruit cette propriété aussi ancienne que le monde, et cela sans motifs, sans raison, sans titre, qu'une prétendue cou-

---

(1) *Land Tax*, par Briggs, page 127. Une grande évidence a été déjà portée jusqu'à prouver que ni les souverains hindous, ni ceux mahométans, ne demandèrent point à être propriétaires de la moindre partie du sol, si ce n'est des terres inutiles ou de celle d'aubaine.

Page 134 : en 1715, après huit ans de la mort d'Aureng-Zeeb, la compagnie anglaise sollicita de l'empereur de Dehly la concession d'un district, soit la jouissance perpétuelle des revenus de 38 aldées, voisins de la factorerie du Bengale. La somme convenue à payer annuellement était de 8,181 roupies sicca, soit 1,000 pounds sterling. Après des sollicitations réitérées, la demande fut accordée en 1717, à condition que la compagnie achèterait d'abord des taloucdars *(propriétaires du district) leurs droits.* L'ordonnance impériale dit : « Qu'elle (la compagnie) *fasse l'achat des mains des propriétaires*, et qu'ensuite notre divan (ministre des » finances) de la province le laisse (district de 38 villages). »

2

tume (mamoul) plus que contestée. C'est l'article 14 de l'ordonnance du 7 juin 1828 qui a proclamé l'inexistence du droit de propriété privée pour les champs à *adamanom*, qui forment la presque totalité des terres dans cette colonie. Il est vrai que cet arrêté n'a jamais été approuvé par le Ministre ; que bien loin de là, des réformes ont été reconnues indispensables ; néanmoins et en attendant, nous ne sommes que les usufruitiers, à titre onéreux, du sol que nous fécondons de nos sueurs.

L'émission d'un principe si contraire au droit naturel, éveille les plus vives inquiétudes chez les Hindous vos administrés.

Avant de nous livrer à l'examen de la théorie et de la pratique, voyons si le mot *adamanom* exclut par son sens, l'idée du droit de propriété privée, comme paraît l'interpréter ainsi l'article 1ᵉʳ § 2 de l'ordonnance du 7 juin 1828. *Adamanom*, signifie *payant la redevance en argent*, qualification qui distingue les terres de cette nature, de celles à *varom : payant la redevance en grains*. (Art. 4 et 8 du bail du 17 janvier 1791, pièce n° 1.)

Examinons ensuite si le droit naturel ou le droit des gens, ou le droit commun de l'Inde, si celui particulier de la province dont cette colonie est une partie, si celui consacré dans cet établissement-ci, ne viennent pas, l'un à l'appui de l'autre, prouver l'existence en théorie, de la propriété privée dans ce lieu.

L'état social est naturel et conséquence de l'organisation même de l'homme ; la suite nécessaire de l'état social est la *propriété* ; la propriété du sol est donc forcée, inséparable de l'homme, inhérente à son espèce comme *moyen, but* et résultat de l'état social, lequel est de droit naturel. Il y a donc des propriétaires depuis qu'il y a des hommes. Ces principes se font remarquer plus dans l'Inde (2) que partout ailleurs, puisque la première information d'un père hindou dont on demande la fille en mariage, est : si le futur a de *caniatchy*, c'est-à-dire, sol-propriété, qui semble devoir cimenter l'union de deux sexes.

Cette propriété que le droit naturel a consacrée en faveur du citoyen, le droit des gens peut-il la lui enlever ? La conquête ou la cession du prince peuvent-elles la transporter et l'acquérir au gouvernement ? L'équité réfutera victorieusement le paradoxe affirmatif, puisqu'elle limite nécessairement le droit du vainqueur ou du cessionnaire, à celui du souverain vaincu ou cédant, et que dès-lors les princes du pays n'ont pu, suivant la maxime de droit, transporter plus de droits qu'ils n'en avaient eux-mêmes. Or, quels droits avaient-ils ? Celui de prélever un impôt fixé au sixième des récoltes du meilleur champ, et pas d'autre, ainsi que cela sera démontré plus bas.

---

(2) *Strange*, 1ᵉʳ vol., pages 11 et 12, loi indienne. Dans les contrées les plus civilisées, le sol tient, par des raisons évidentes, le premier rang dans les points d'importance. Il est particulièrement tel chez les Hindous, qui sont regardés comme ayant été en tout temps un peuple plus agricole que commerçant ou manufacturier.

Si le droit naturel nous accorde la propriété, si le droit des gens n'a pu nous l'enlever, le droit commun de l'Inde a-t-il pu faire davantage ?

L'autorité la plus respectable en matière de législation hindoue , est celle du célèbre Manou. Ses Institutes, livre IX, stance 44, définissent le droit de propriété individuelle comme suit :

« Les sages..... ont décidé que le champ cultivé est la propriété de celui qui, le premier, en a coupé le bois pour le défricher, et la gazelle, celle du chasseur qui l'a blessée mortellement. »

La première occupation et l'abornement du terrain précèdent nécessairement le défrichement dont ils sont les conséquences.

Or, pour prétendre que la propriété du champ à *adamanom* est au gouvernement , celui-ci dira-t-il que les conditions posées pour concourir au droit de propriété originelle, ont été , dans cet établissement, remplies à l'égard de ces terres par lui et non par le cultivateur ? C'est impossible ; car avant que plusieurs Européens s'y fussent établis, ce mode de possession n'existait pas moins , et les terres n'en étaient pas moins occupées, moins abornées, moins cultivées.

Les dispositions suivantes des Institutes susdites rendent plus remarquable l'existence du droit de propriété individuelle dans l'Inde.

Livre IX, stance 49. « Ceux qui ne possèdent point de champs, mais qui ont des » semences et vont les répandre dans la terre d'autrui, ne retirent aucun profit du grain » qui vient à pousser. »

Plus bas, ce législateur s'exprime ainsi :

Livre VIII, stance 239 : « Que le propriétaire d'un champ l'entoure d'une haie, etc. »

Stance 252 : « C'est au moyen de ces marques que le roi doit déterminer la limite » entre les terres de deux parties en contestation, ainsi que d'après l'ancienneté de la » possession. »

Stance 264 : « Celui qui s'empare d'une maison, d'une pièce d'eau, d'un jardin, » ou d'un champ, en menaçant *le propriétaire*, doit être condamné, etc. »

Après le droit commun de l'Inde, vient le droit particulier de la province dont cet établissement fut détaché, et qui s'appelle Tondamandalom (3). En parlant de cette province, Briggs, dans son Land Tax, page 56, s'exprime ainsi :

« On doit conclure de ce détail, que j'ai puisé dans les documents existants aux » archives de Board, des revenus de Madras, que toutes les terres situées dans le pays » dont il vient d'être parlé, appartenaient dans l'origine à des communautés de villages,

---

(3) *Land Tax*, page 51, dit : Tondamandalom s'étend depuis Nellour au nord, jusqu'à Trichinapally au sud, comprenant tout le territoire situé au bas du plateau de Maïsour.

» à titre de propriété réelle, et étaient possédées soit en commun soit individuelle-
» ment. »

Voici encore ce qui est dit sur la même province, en 1818, dans le Miras-Right, par
Ellis, collecteur de Madras :

« Le droit de *miras* (propriété) existe principalement dans le zilla de Singalpett, dans
» la contrée de Sojane ou Tamjour, dans *la province d'Arcatt et généralement dans tous*
» *les districts du Sud ;* et ici les habitants jouissent du privilége de transférer ce droit
» soit par donation, vente ou de toute autre manière. Dans quelques villages, le *mirasdar*
» (propriétaire) a passé au nom des *oulcoudys*, qui lui sont subordonnés, l'acte appelé
» *ujjavade caniatchy sasanum* (acte de propriété individuelle) ; après quoi le *mirasdar*
» ne peut plus le changer ou placer quelqu'autre personne que ce soit en son lieu ;
» mais cet *oulcoudy* (cultivateur de dedans) est encore tenu de reconnaître la supério-
» rité du mirasdar, comme tous les autres oulcoudys qui n'ont pas obtenu l'acte ci-dessus
» mentionné, quoiqu'ils ne puissent pas être déplacés de leurs villages comme simples
» *piracoudis* (cultivateurs forains). »

En continuant notre examen, il nous reste donc à démontrer le droit de propriété
consacré dans cet établissement, et que le gouvernement français a tellement respecté
à l'égard des terres, particulièrement de celles à *adamanom*, qu'il imposa aux fermiers
des aldées, l'obligation de payer une indemnité aux possesseurs desdites terres, qu'il
qualifie, sans hésiter, de *propriétaires*, lorsque ceux-ci, ne les cultivant pas par paresse (4),
le fermier serait forcé de les faire valoir par d'autres (article 4 du bail du 17 janvier 1791,
pièce n° 1).

Cette consécration du droit de propriété est récemment corroborée par les articles 15
et 40 de l'ordonnance du 7 juin 1828. Si cette ordonnance, qui nie d'un côté (art. 14)
l'existence de la propriété privée aux champs à *adamanom*, reconnaît de l'autre (art. 15)
au cultivateur le droit d'hypothéquer ou d'aliéner ces champs, droit inhérent à celui
de propriété, et se fait un devoir (art. 40) de faire indemniser préalablement les *adama-*
naires en cas de dépossession de leurs terres pour quelque utilité *du prix égal à une*
fois et demie la valeur du champ, à dire d'experts, n'est-elle pas en contradiction avec elle-
même ?

Si nous ne sommes pas propriétaires, si nous ne sommes que fermiers et locataires,
ainsi qu'on veut nous considérer tels, le droit d'aliéner et d'hypothéquer *le sol*, comme
le dit l'art. 15, et non pas la jouissance perpétuelle, peut-il appartenir à la condition de
fermier ou de locataire ? Si le gouvernement est propriétaire, peut-il poser lui-même
pour principe *de nous indemniser de la valeur du sol qu'il prétend lui appartenir ?* Il ne

(4) Motif absurde.

peut faire autrement ; car il est dans sa conviction qu'il n'est pas propriétaire du sol , mais bien les citoyens. Il ne trouvera non plus moindre prétexte de s'emparer du prix du sol , dans le prétendu *mamoul* qu'il croyait lui conférer le droit de propriété.

En présence des règles si positives , combien n'est-il pas arbitraire , le principe émis par l'art. 14 et mis en principe par l'art. 22 de l'ordonnance précitée , qui a sans doute puisé ce pratique dans l'art. 14 du réglement du 15 décembre 1823, qui évince le culti-vateur de son terrain sans indemnité, lorsqu'il n'a pas acquitté la redevance , et qui restait pour ainsi dire dans le secret du cabinet? Ce principe , qu'il attribue à un *mamoul* (usage), dont on ne voit nulle part le fondement , n'existe que dans l'illusion ou dans le système arbitraire.

Si l'ensemble des théories défend si puissamment le droit de propriété privée en faveur de l'*adamanaire* , examinons si ce droit ne se trouve pas dans le fait, en pratique dite *mamoul*.

Lorsqu'il s'agissait de donner des terres à manioms à un établissement d'utilité publique, c'étaient des propriétaires du sol qui le faisaient, sauf au gouvernement à les affranchir de redevances, car le gouvernement n'était pas propriétaire du sol. Nous citerons pour exemple les manioms affectés à la Chaudrie du Naynard , dans les aldées de Mourgapacom et d'Ariancoupou du district de Pondichéry, en 1693 et 1697. Le gouvernement s'est basé sur ces actes de donation (pièce n° 2), pour décider, le 30 septembre 1789 , une contestation élevée entre le Naynard et le desservant de la Chaudrie , qui en jouit jusqu'à présent sans y être troublé par aucun des gouvernements qui se sont succédés. Cet exemple n'est pas unique : il y en a de nombreux (5). Voir, du reste, les diverses pièces insérées à la suite du Miras-Right , pour démontrer l'existence de la propriété privée dans ce pays-ci.

On conviendra avec nous que l'administration a de tout temps reçu et reçoit encore , avec connaissance de cause , les lods et ventes , ce droit de mutation de propriété (6) perçu par les tabellions , les notaires et les tribunaux , sur les terres à *adamanom* , dont l'adjudication se fait du *fond, très-fonds* et *propriété* (pièce n° 3), et que le domaine n'accepte ces terres en cautionnement des fermes , qu'en les considérant comme propriétés privées ; conséquence qui résulte de la démarche de l'administration, à faire exproprier ces champs affectés au cautionnement par la voie des tribunaux.

Ce qu'il y a de plus frappant , c'est que l'administration elle-même acquiert tous les

____

(5) Voir l'art............ de l'arrêté local du 6 juillet 1844.

(6) Depuis la fondation de la ville jusqu'à aujourd'hui , on perçoit les lods et ventes , sur les expropriations et les ventes de terre à *adamanom*. *(Voir* pièces n° 4.) Il n'entre point dans les priviléges du gouvernement de recevoir sur les mutations de fermes et de locations le droit de mutation de propriété.

jours des terres à *adamanom* pour l'utilité publique, en payant à l'adamanaire, la valeur estimative du terrain (7).

Mais bien plus, le gouvernement lui-même recule devant l'exécution de l'effroyable principe que nous combattons. Il ne peut dans la pratique, oublier notre droit de propriété au point qu'il fait vendre publiquement les terres évincées pour arriérés, prélève sa créance sur le produit des ventes, et paie aux adamanaires, l'excédant, en vertu des décisions du conseil privé. Autrement, ce serait la plus odieuse violation de droit, que d'évincer un terrain qui vaut 10, 20 et même 30 fois sa redevance, pour en tirer parti au détriment de celui qui l'a amélioré ou l'a acquis à grands frais. Ce serait encore une évidente violation du principe consacré par le gouvernement, dans l'art. 40 de l'ordonnance du 7 juin 1828.

En cet état de choses, si on nie l'existence du droit de propriété privée (8), on ne conçoit d'où l'on a emprunté une doctrine si fausse, si erronée, si contraire au droit naturel, au droit commun de l'Inde, à celui particulier de la province dont cette colonie est une partie, à celui consacré dans cet établissement, à la pratique qui s'y faisait, à celle qui y subsiste, et comment on a pu ôter arbitrairement un droit religieusement protégé dans l'Inde comme dans l'Europe par les lois, dont les violations, dans cette contrée, ont menacé quelquefois la vie du prince et fait chanceler son trône (9), au rapport de M. Anquetil

(7) A l'occasion du creusement des canaux de Soutoukeny et de la rivière Giuji.

(8) Quelle est donc la cause d'une opinion aussi étrange? C'est d'un côté les pas graduels de l'arbitraire, et de l'autre l'ignorance ou la faiblesse des administrés indigènes. On s'en convaincrait facilement si on remarquait : 1° Qu'en 1695 et 1697 les habitants indigènes jouissaient pleinement du droit de propriété individuelle ; 2° que ce n'est qu'en 1791 que le gouvernement, pour faire valoir les champs qu'on laissait incultes par paresse, se permit d'autoriser son fermier à faire exploiter seulement les propriétés de la nature susdite par des tiers, à la charge par le fermier de faire payer *au propriétaire* 5 % ou davantage sur la part du nouveau cultivateur, ainsi qu'il sera réglé par les administrateurs ; 3° qu'en décembre 1823, ceux-ci ont décidé que parmi ces propriétés, les champs dont on n'acquittait pas la redevance seraient réunis au domaine, sans aucune formalité; pour mieux dire sans dédommagement précité, pour, le domaine, en disposer au mieux de ses intérêts; 4° qu'en juin 1828, le gouvernement s'est attribué la propriété de tous les champs à *adamonom* indistinctement, et en a ordonné l'éviction dans les deux cas susdits ; 5° qu'en 1843, le rapporteur de la commission instituée par arrêté du 13 juillet 1841, propose sans scrupule au gouvernement de s'approprier aussi le produit de la vente des champs ainsi évincés qu'on ne rend aux malheureux cultivateurs que pour ne pas fouler aux pieds le principe de justice consacré par l'article 40 de l'ordonnance du 7 juin 1828, ainsi l'on ne fit que renchérir, l'un sur l'autre, pour achever de dépouiller le propriétaire.

(9) Ce principe est consacré par le droit hindou. *Coral*, chap. 55 du gouvernement, vers. 7. Le prince veille à la sûreté du royaume entier, et les lois veillent à la sûreté du prince, tant qu'il ne les enfreint pas.

Chap. 57. Défense de l'oppression, vers. 4. La fâcheuse conviction de la nation que le prince est tyran, perd ses jours et sa couronne.

du Piron (10), et dont le respect y a été poussé si loin, d'après le docteur Robertson (11), que la guerre elle-même n'interrompait pas les travaux du cultivateur, et ne causait point de dommages à la propriété, et qu'il n'était pas rare, pendant que des armées ennemies se livraient bataille d'un côté, de voir des paysans labourer ou moissonner de l'autre dans la plus parfaite sécurité.

On n'ignore pas que ce droit de propriété individuelle est intact à Karikal, et que nulle atteinte n'y est portée; là comme ici (12), si cet établissement voisin du nôtre est occupé par la même nation, soumise à la même loi et au même gouvernement, celui-ci a-t-il donc deux poids et deux mesures pour refuser à l'un le droit dont jouit paisiblement l'autre ? Si le gouvernement ne peut prétendre à Karikal à la propriété, même des terres incultes, puisque le réglement du 15 mai 1788 prescrit de les faire vendre aux enchères publiques et d'en payer tout le prix au propriétaire, rien ne l'autorise à adopter un système contraire à notre égard.

D'après cette série d'évidences et d'épreuves qui viennent d'être produites, y a-t-il lieu à mettre en doute un instant l'existence de propriété privée et inviduelle, à l'égard des champs à *adamanom* ?

Admettons un instant que la propriété de ces terres soit au gouvernement, quel avantage en tircrait-il ? Il est certain que le possesseur d'un terrain, cultive beaucoup mieux son héritage que celui d'autrui. — L'esprit de propriété double la force de l'homme. — On travaille pour soi et pour sa famille avec plus de vigueur que pour un maitre. — La condition de propriétaire respectée chez l'adamanaire, le porterait à déployer son industrie et son activité, et à développer les produits de sa terre. Ce qui, procurant des garanties de paiements de redevances au domaine, tourne à l'avantage du gouvernement, donne de l'aisance au cultivateur et avance les progrès du commerce. — En privant, au contraire, l'adamanaire du droit de propriété, seul bien qui attache l'homme au sol, on lui ôte son intérêt personnel, on étouffe son industrie, ses forces ne s'exercent jamais dans toute leur élasticité; tout amour du travail, toute idée d'amélioration s'étouffe chez lui. De là, le terrain moins fertile sous les mains de l'administration propriétaire, que sous celles du cultivateur propriétaire. De là, la perte de culture et mauvaise récolte qui nécessitent le dégrèvement. De là, l'abandon des terres qui diminue les revenus publics.

Peut-être objectera-t-on que les articles 14 et 15 de l'ordonnance du 7 juin 1828, en accordant à l'adamanaire la jouissance perpétuelle du champ, la faculté d'aliéner ou d'hy-

---

(10) *Land Tax*, page 2.

(11) *Idem* page 34.

(12) Les Anglais aussi laissent jouir du droit de propriété aux cultivateurs, sans atteinte dans le Zilla de Sengal petit qui leur appartient et qui est voisin de notre colonie, au nord.

pothéquer doit l'affranchir de toute inquiétude. — Oh ! douce illusion ! si le seul fait de non paiement de redevance ou de mise en culture (art. 22) fait perdre dans un instant tout le prix des débours et des sueurs qu'il a épuisés pour un terrain , et toute la valeur vénale que le sol a , par suite, acquis ou coûté, jusqu'à 300 pagados (2,520 francs) le cani (un hectare 19 centiares), s'il fait évanouir toutes les espérances qu'il s'est depuis longtemps créées, que devient donc alors ce droit flatteur de la jouissance perpétuelle, cette faculté séduisante d'aliéner et d'hypothéquer ?

Le retard du paiement ne doit occasionner qu'une poursuite et non l'éviction d'une propriété. Autrement c'est comme si l'on condamne de la peine capitale une action tout-à-fait innocente. Car si l'article 21 , § 2 de l'ordonnance du 7 juin 1828 considère les récoltes comme la garantie de la redevance , si d'après cet article , le domaine n'en doit laisser la disposition au cultivateur qu'après l'acquittement de cette redevance , si , par conséquent , le défaut de paiement d'icelle n'est la conséquence que d'une mauvaise récolte du champ , n'est-ce pas violer tout principe d'équité que d'évincer le terrain pour cause d'un pareil non paiement ? Si la redevance est le prix de la portion du domaine sur les grains produits , doit-on évincer, puisque ces produits n'ont pas répondu aux efforts du cultivateur ? Ne serait-ce pas alors exiger de lui qu'il commande au ciel et aux éléments ?

Quelle injustice, si le défaut de mise en culture provoque l'éviction gratuite d'un champ, lorsque par sa valeur vénale il offre vingt fois plus de garanties que sa redevance , lorsque cette garantie est assurée de plus par la poursuite personnelle , mobilière et immobilière du cultivateur ! Si le défaut de mise en culture est condamné si rigoureusement à l'éviction , n'en ressort-il pas cette inconséquence, que le laboureur ne sème et ne moissonne que pour défrayer l'administration et non pour subsister ; besoin impérieux de la nature qui marche avant tous les devoirs de l'homme , toutes les obligations de la société ? Si malgré ce besoin , il ne cultive pas son champ, ce qu'une force majeure quelquefois toute particulière à l'individu peut seule occasionner (13), doit-on l'attribuer à une mauvaise volonté

(13) Un laboureur a plusieurs parcelles de terre. Borné ordinairement dans ses ressources , il n'entretient que les charrues et les bras nécessaires à les exploiter dans le courant de l'année , ce qui ne lui permet de travailler tous ses champs que l'un après l'autre et non à la fois et simultanément. Il faut pour que ses travaux soient commencés à propos et ne restent pas interrompus , que les pluies aient lieu de bonne heure et les favorisent dans tous leur cours ; ce n'est qu'alors qu'il peut mettre dans l'année toutes ses terres en valeur. Si les pluies ne commencent pas dans la saison de culture, ou sont insuffisantes ou ne tombent qu'à la fin de la saison , les travaux de culture en rétrogradent nécessairement. Si la saison finit ou si les eaux ne suffisent pas , ils seront discontinués. Partie des terres en restera inculte par les raisons ci-dessus développées. Dans ce cas, on contraint ici le cultivateur au paiement de la redevance de cette partie inculte, et même on l'en évince à cet effet , tandis que *les Anglais ne lui font jamais payer la redevance de ses terres non cultivées, qu'il lui est permis de laisser en jachère pendant 5 ans.*

et le punir pour cela? Si l'objet de cette éviction est de s'assurer la redevance de l'année courante, l'administration parvient-elle à faire valoir la terre ainsi évincée dans la même année et à en effectuer la rentrée de la redevance? Non, alors l'objet de l'éviction manque et l'oppression du laboureur seul en est le résultat. Si la fourniture du cautionnement est sans intérêts, puisque la redevance est garantie par la valeur vénale du champ, par la poursuite personnelle et réelle du redevable, pourquoi donc le frapper, pour le défaut de cette fourniture, de l'éviction d'un objet si cher, si précieux, et si indispensable à son existence?

Indépendamment que l'éviction du champ à défaut de mise en culture est sans intérêt, cette rigoureuse mesure ne profite, ni à l'administré, dont les sueurs et les debours lui ont acquis une valeur vénale, ni à l'administration, qui est obligée de le donner à un tiers à concession ou à *adamanom*, puisqu'elle ne le cultive pas en propre. Mais à qui profite-t-elle? Aux agents souvent intéressés du domaine, dont cette mesure tente la cupidité, et qui savent la provoquer d'une manière spécieuse et se faire donner le champ sous un nom étranger. Les divers faits de cette nature, que l'administration n'a pu réparer, et qui finiront par ruiner les cultivateurs, sont là pour justifier notre assertion.

Ce qui révolte la raison, c'est qu'en donnant les terres ainsi évincées, aux concessionnaires, avec la remise de 10, 15 et 20 pour cent (art. 35) sur la redevance du champ qui leur revient gratis, et en faisant cette remise telle, que, prise en considération, elle surpasse beaucoup plus le dégrèvement adamanaire qui n'irait pas à 10 pour cent par an, on a établi une distinction, de frapper ce champ, pour les mêmes faits, d'éviction (art. 22) entre les mains du cultivateur qui lui a donné une valeur vénale, et d'expropriation (art. 12, parag. 2) entre les mains du concessionnaire qui n'a rien fait pour son amélioration. Quelle fiction si le même champ qui, entre les mains de l'adamanaire, donne des inquiétudes pour la garantie de sa redevance et lieu à l'exigence d'un cautionnement, doit rassurer entre les mains du concessionnaire, le domaine par sa valeur vénale!

La mesure de dépossession ne peut avoir nul objet, si ce n'est celui d'activer le recouvrement des redevances de nombreux adamanaires, que pourraient retarder les formes d'expropriation. Mais faut-il violer le droit naturel et commun pour accélérer un recouvrement que les formes simplifiées et le temps raccourci peuvent faciliter?

Si le domaine vend aujourd'hui les terres évincées et paie à l'adamanaire l'excédant de la vente, ce à quoi il n'est pas obligé, d'après l'ordonnance en vigueur, pouvant se l'approprier en se prévalant du droit de propriété; cet acte qui n'est qu'une pure bonté casuelle, ne peut nous servir de droit et détruire un principe consacré, quoiqu'erronément, par une loi.

Tout cela fit le sujet de nombreuses réclamations, et le gouvernement les a trouvé fondées dès le 2 septembre 1835, et a décidé qu'une commission proposera les modifications néces-saires à apporter à l'ordonnance. Cependant rien n'est encore fait (14).

Le droit de propriété ainsi établi en faveur de l'adamanaire, le respect de ce droit ainsi démontré à l'avantage respectif du laboureur et du gouvernement, il nous resterait à parler du poids affligeant de l'impôt qui nous rend cette propriété onéreuse.

Examinons comment on explique, dans l'Inde, l'origine et le but de l'impôt.

Dans la langue hindoue, le roi est appelé Raja, *qui fait jouir*, assurant à la société la jouissance de ses biens; son gouvernement, *Bajangam* : institution qui maintient dans la jouissance. On lui donne aussi le titre d'Iraï : *qui contient dans le devoir*. Comme il est juste que la société pourvoie aux frais de cette institution en raison des avantages qu'elle en retire, ce que la société donne à l'Iraï, à cet effet, se dit aussi Iraï : *impôt* qu'on appelle en même temps Vari : *contribution*, puisque chaque citoyen y contribue d'une portion du produit de ses biens. Ainsi l'impôt n'est autre chose qu'une portion que les membres de la société donnent de leurs revenus au souverain pour avoir la jouissance et la sûreté de leurs biens.

Il est intéressant de remarquer ici que c'est en se pénétrant profondément de ces principes, que les législateurs hindous ont poussé le scrupule jusqu'à imposer au gouvernement l'obligation de payer du fisc, la valeur des objets volés au propriétaire.

VIGNYANESIVARA. — TITRE DU VOL.

« Que le roi impuissant de découvrir et de faire restituer l'objet volé, soit par le voleur,
» soit par le réceleur, indemnise le volé de ses deniers. »

Cette disposition de la loi nous explique bien l'esprit de l'imposition et développe que l'impôt n'est qu'une rétribution que le citoyen donne à celui qui veille à la garantie de ses droits, et qu'il est donc juste que le gardien réponde du dommage arrivé au propriétaire par le non accomplissement de la mission, c'est-à-dire de la garde. Ainsi, ce sont des réconventions de part et d'autre, des devoirs réciproques qui lient le citoyen et le gouvernement.

Si cette portion à payer au roi par le peuple est exorbitante, ce serait lui prendre sur ses besoins réels et manquer au but de l'institution du gouvernement, qui est de lui assurer la jouissance de ses biens. Alors quel avantage pour lui de vivre sous une monarchie, si son sort est le même que sous une anarchie? Rien. De là, le principe que le nécessaire ne doit

______

(14) La commission d'agriculture instituée par arrêté du 13 juillet 1841, est tellement organisée qu'on n'a rien à espérer de ses lumières, ni de la justice de ses sentiments, car, sur sept membres qui la composent, cinq sont Européens qui ne savent autrement raisonner que par théorie, basée souvent sur des erreurs et l'emportent par leurs suffrages sur les deux membres indiens. Ce sont tous des agents serviles et complaisants du gouvernement. Quelle indépendance, quel désintéressement peut-on attendre de leur discussion ?

point être taxé, mais seulement l'utile et le superflu. Si on laisse à peine au peuple ce qu'il lui faut à la rigueur pour vivre, ce serait lui faire repentir de s'être donné un gouvernement.

L'appréciation de cette portion, dans l'Inde, paraît être l'œuvre d'une haute sagesse, à laquelle n'a échappé aucune de ces considérations, ainsi qu'on le remarquera plus tard.

MANOU, *livre* 7.

Stance 130. « La cinquantième partie peut être prélevée par le roi, sur les bestiaux et sur » l'or ou l'argent *ajoutés chaque année au fonds*; la huitième, la sixième ou la douzième » partie *sur les grains, suivant la qualité du sol et les soins qu'il exige.* »

Cette distinction d'impôt, sur le produit du champ, vient probablement de la différence des irrigations directes, à van et à grande picote ou à pluie.

La proportion précitée ne peut être augmentée sans crime, à moins qu'une circonstance extraordinaire, telle que la guerre, ne fasse naître cette nécessité; dans ce cas, la portion à prélever sur les récoltes du meilleur champ est fixée comme suit :

MANOU, *livre* 10.

Stance 118. « Un roi qui prend même la quatrième partie des récoltes de son royaume, » dans un cas de nécessité urgente, et qui protége le peuple de tout son pouvoir, ne commet » aucune faute. »

Ce système que la théorie admet, est conforme à la pratique.

Briggs, LAND TAX, *page* 34.

« Le quart de la récolte dont il est parlé, est la taxe établie en temps de guerre, que Porus » et d'autres princes indiens, qui s'étaient ligués contre Alexandre, avaient droit de prélever, » conformément à la loi. »

Si le législateur a réglé la portion en temps de paix pour pourvoir aux frais d'un gouvernement, dans les devoirs duquel il comprend celui de répondre du vol fait au propriétaire et la quotité dans laquelle peut être augmentée cette portion en temps de guerre dont les immenses dépenses sont présentes à ses idées, laisse-t-il voir que la moindre considération qui doit entrer dans l'imposition lui ait échappée?

Il nous importe d'examiner si la loi hindoue a entendu l'imposition de cette portion sur le produit brut du champ ou sur le produit net qui reste au propriétaire, ses avances déduites.

Cette loi qui attribue au roi la sixième partie du produit du champ, en précisant les destinations que doivent recevoir les cinq autres parties, résoud ce problème.

CORAL, *chap. 5, de la Vie Sociale.*

« Il est essentiel de consacrer une partie des récoltes aux mânes dés ancêtres, une
» autre au culte domestique, une autre aux hôtes, une autre à la famille et la dernière
» pour soi (15). »

Cela décide indubitablement que l'impôt ne doit point être jeté sur les avances du
cultivateur, qui n'entrent point dans les six parts susdites.

La proportion de l'impôt foncier chez la nation française, aux lois de laquelle nous
sommes soumis, correspond parfaitement à celle fixée par la loi hindoue.

DICTIONNAIRE DE LA CONSTITUTION, *page 110.*

C'est dans les séances des 22 et 23 novembre 1790 que l'assemblée nationale a réglé
de la manière suivante le mode de répartition de la contribution foncière :

1° « Cette contribution sera la seule dont les propriétés foncières soient chargées pour
» dépenses générales de l'État. Elle ne pourra jamais excéder le sixième du revenu
» net. »

2° « Cette contribution sera perçue à raison de leur revenu net, c'est-à-dire sur ce qui
» reste au propriétaire ou au fermier après qu'il a retiré de sa récolte une quantité suffi-
» sante pour payer les frais de culture, de semence, de récolte et d'entretien. Cette
» manière d'imposer les terres, est la seule avouée par la nature et qui ne nuit pas à
» l'agriculture. »

Cela nous prouve que les besoins naturels sont partout les mêmes, et que la raison tient
partout le même langage.

Dans l'Inde, la loi juge très sévèrement le roi qui fait payer un impôt plus grand que celui
légal fixé pour le temps de paix et pour le temps de guerre.

CORAL, *chap. 56, du Despotisme.*

Vers. 1ʳᵉ. « Le prince qui viole la loi en opprimant par un impôt onéreux, est plus
» cruel qu'un meurtrier. »

Briggs, dans son LAND TAX, *page 62.*

Le législateur (le célèbre Vidiariannia) dit : « Le roi qui prend plus d'un sixième du

---

(15) Les parts destinés aux mânes, au culte domestique et aux hôtes, retournent toujours au propriétaire.
Ce n'est qu'une énumération de ses besoins qui se confondent l'un dans l'autre.

» produit des terres, doit être réputé infâme dans ce monde, et sera dans l'autre la proie
» des flammes de l'enfer. »

Revenons au fait.

Sous la dénomination hindoue, la contribution foncière, ce droit sur la culture, principale industrie qui alimente la presque totalité de la population de ce pays, y a toujours été perçue dans les proportions légales. Mais elles sont pourtant exorbitantes en comparaison de celles perçues dans les pays voisins, dans les contrées éloignées ; par exemple : dans le Ceylan, le Travancore, le Rajapoutana, l'Orixa, le Maleva, le Codagou, le Cochin, la Chine, la Cochin-Chine, le Barma, la Grèce, Rome, l'ancienne Perse où l'impôt ne surpasse pas la dixième partie des récoltes (Briggs Land Tax).

Cet auteur dit, relativement à Tondamandalom, dont nous faisons partie (page 54) :

« Tant que l'impôt foncier du gouvernement fut léger, tel qu'il était sous la dénomi-
» nation hindoue, le propriétaire pouvait entretenir des esclaves et des domestiques pour
» cultiver la terre. Mais, dès que la redevance qu'on lui imposa devint tellement onéreuse,
» qu'il fut obligé de conduire lui-même la charrue, aidé de ses enfants et de ses parents,
» à la subsistance desquels les lois de la nature et de la société lui prescrivaient de pour-
» voir, il ne fut plus à même de nourrir ses esclaves et ses serviteurs qui, par consé-
» quent, devinrent libres. Ainsi, quelque étrange que puisse paraître cette circonstance,
» tel est cependant le fait que les exactions des Mahométans eurent pour effet d'abolir l'es-
» clavage des cultivateurs, dans toute l'étendue de leur domination. »

Cela suffit, monsieur le Gouverneur, pour vous donner une juste idée du poids de l'impôt qui accable le pays dont cette colonie faisait partie, et qui lui rendit donc commun son sort et l'état malheureux auquel les habitants de cette partie de l'Inde sont réduits par suite de cet impôt.

Si l'auteur de l'ouvrage cité tire de ces exactions des Mahométans, la conséquence de l'abolition de l'esclavage, nous n'en tirerions pas moins celle que la continuation de ces exactions a fait abandonner des terres immenses, a appauvri de nombreux et riches agriculteurs, et n'a peuplé la colonie que de misérables industrieux. La preuve de cette conséquence, vous la trouveriez dans l'état inculte où le fardeau de l'impôt fit rentrer les terres, dans la ruine de ces agriculteurs qui ont chacun entrenu mille charrues et mille coulis, tandis qu'aujourd'hui, il est rare d'en trouver qui en aient dix dans chaque genre, et des habitants en état de prêter au gouvernement divers millions au besoin, comme cela est souvent arrivé à notre gouvernement; l'État a ainsi appauvri les sujets sans s'enrichir.

Les exactions des Musulmans ne pesaient pas cependant tant sur la fortune des cultivateurs, chez lesquels on a encore longtemps remarqué un reste d'abondance ; puisqu'un peuple chargé d'impôts arbitraires et répartis au gré de ceux qui les exigent, peut tenter de se soustraire à la rigueur de l'imposition, et y est véritablement autorisé par la nature. L'exaction légitimait donc ainsi la soustraction.

Mais c'est la domination européenne qui fit ressortir le plus aux Hindous l'énormité de l'impôt ; les formes régulières et austères de l'administration leur ayant ôté tout moyen de se soustraire à l'exaction.

Examinons en quoi l'impôt est onéreux. Les Mahométans l'ont porté à la moitié des récoltes brutes du champ, et le gouvernement qui a succédé à ces despotes, semble s'être plu à maintenir leur système d'imposition. (Art. 17 de l'ordonnance du 7 juin 1828.)

Cependant le Tranquebar, cet établissement danois où le laboureur ne paie encore que le quart de ses revenus fonciers et nets, paraît avoir voulu conserver les traces quoique défigurées de l'imposition légale des Hindous, comme le monument qui doit attester en leur faveur le jour de la défense de leur juste cause et livrer à l'exécration la mémoire de leurs oppresseurs.

Le plus despote des dominateurs musulmans dans l'Inde, Hyder même, n'osa adopter un système d'imposition pareil à celui qui nous afflge. Lorsqu'il voulut hausser les redevances de la côte de Malabar, la répartition des produits du champ fut faite comme suit (16):

> Pour le cultivateur, 5 1/2 ;
> Pour le propriétaire, 1 1/2 ;
> Pour le gouvernement, 3.

Considérons la chose telle qu'elle existe ici actuellement ;d'un côté, le labour, l'ensemencement, le sarclage, l'engrais, l'irrigation, la garde, la coupe et la rétribution (17) des serviteurs d'aldées (18) ; de l'autre, l'infertilité du champ que le temps a dénué de sa force, et que

(16) *Land Tax*, par Briggs, page 277.

(17) Tous lesdits frais varient dans leurs sommes suivant les localités. Ils ne sont jamais moindre de 30 % du produit. (*Voir* la pièce justificative n° 6.)

(18) Le charpentier A ,

    Le forgeron A ,

    Le cordier A ,

    Le cordonnier A ,

    Le potier A ,

    Le barbier A ,

    Le blanchisseur A ,

    Le desservant de la pagode A ,

    L'astrologue ou calendrier A ,

    Le distributeur d'eau A ,

A quoi sert la suppresion de ces droits, du moment que tous (A) ces gens sont indispensables au cultivateur, et que leur service lui doit toujours coûter ?

des pluies périodiques ne fécondent point comme auparavant (19) ; *l'évaluation arbitraire du produit ancien* sur lequel l'imposition fut basée ; le convertissement en argent de l'impôt en nature, sans qu'il soit en rapport avec le prix courant des grains ; l'intérêt le plus modéré de l'argent employé à l'amélioration ou à l'acquisition du champ (20) ; si tout cela vient, chacun enlevant sa part sur la portion qu'on laisse au cultivateur, qu'est-ce qu'il lui resterait donc ensuite, à nourrir ses bras et ceux de ses enfants qui l'ont aidé dans la culture, afin de *les faire exister pour de nouveaux travaux*, à entretenir les parents à sa charge, à secourir la misère qui afflige sa vue et qui lui demande l'hospitalité ; enfin, à pourvoir au culte qui anime ses douces espérances : tous besoins d'une famille sociale, pressant l'un après l'autre, et où nous ne comprenons pas les commodités et les agréments de la vie ? Si la pure substance du citoyen se dissipait ainsi en impôt, lequel n'est cependant destiné à autre chose qu'à conserver et garantir notre tranquillité et nos biens, à quoi bon cet impôt ? Cela changerait de nom et deviendrait le tribut que le vainqueur fait suer au vaincu, tambour battant et mèche allumée. Ce n'est plus un gouvernement, mais un dépouillement ; ce n'est plus administrer, c'est ruiner, c'est tuer !

Cependant, on dit : les choses marchent, le gouffre de l'impôt parvient à se combler, et les Indiens mangent, ou à peu près ; ils vivent enfin. Les chiffres s'alignent dans les colonnes du budget, et dès-lors le gouvernement s'abuse sur notre véritable position. Elle ne ressemble pas mal à l'état primitif de la société : pour mieux dire, elle y est un

L'écrivain,
Le visiteur des monnaies,
Le toty,   } gardes-champêtres,
Le taleary,   }
Le coudoumiar, fournisseur des plantes mé-
    dicinales A.

(19) Depuis que les forêts voisines ont disparu. (Briggs aussi prend en considération le défaut de pluies.)

(20) On n'ignore pas que tout champ a eu besoin de défrichement et d'amélioration avant d'être rendu à la culture. Les frais de ces travaux créent un prix pour le terrain. L'acquéreur d'icelui n'en obtint la possession que moyennant le paiement de ce prix. Il est donc juste que l'argent employé soit à l'amélioration ou à l'acquisition du sol rapporte son intérêt au capitaliste qui, en employant cet argent à toute autre industrie, ne laisserait pas de gagner cet intérêt. Si l'on n'assure pas au capitaliste son intérêt, on le force d'employer son argent à toute autre industrie ; dès-lors il n'y a plus d'acquisition, et par conséquent d'amélioration. Ainsi tout champ compte donc trois besoins : celui d'amélioration qui se convertit en prix d'acquisition ; celui des bras et celui des frais pour cultiver annuellement ; et ils doivent tous les trois entrer dans l'imposition.

La première de ces considérations fixa tellement les regards de notre gouvernement, que l'art. 18 de l'ordonnance du 7 juin 1828 dit : *Que les améliorations à faire après l'assise prescrite de la redevance ne donneront pas lieu à ce que la redevance puisse être augmentée dans aucun cas, ni à aucune époque.* Quel est donc ce motif qui fait compter pour rien les améliorations faites jusqu'ici ?

retour ; puisque, si avant que l'intelligence de l'homme eût découvert les moyens de satisfaire ses besoins, avant que son industrie eût reçu le développement nécessaire, la faim le tourmentait, les injures du temps incommodaient son corps, l'ignorance captivait son esprit dans les ténèbres ; il se trouve aujourd'hui dans la même situation, privé des ressources créées par sa main. Si nous disons privé, c'est que les fruits de nos veilles et de nos sueurs vont payer les énormes frais de transport et d'entretien confortable d'hommes qui ne nous sont d'aucune utilité, ainsi que l'éducation scientifique de leurs descendants, tandis que nous manquons de quoi instruire nos enfants, et même de quoi rassasier nos ventres affamés et abriter nos personnes contre les rigueurs des saisons ; tandis que le voile d'une demi-coudée forme tout l'habillement de l'homme, et que la femme est réduite à couvrir de ses mains, le sein que la pudeur lui prescrit de cacher. — Triste spectacle qu'offre la campagne !

Une aldée entière souffre la misère sous toutes ses formes, afin qu'un inutile commis de marine aille se pavaner en carrosse inutile, puisque nous pouvons mieux faire leurs travaux et à moindres frais. On chasse du toit paternel, des champs où ils ont travaillé depuis leur enfance, des malheureux qui ne peuvent payer, et leur patrimoine s'engloutit pour solder la promenade, en France, d'un protégé qui se sent le besoin d'un petit voyage, parce qu'il n'a plus d'appétit.

Cet état déplorable réduit les aborigènes à devenir le fléau de la société ; les uns forcés d'exercer le brigandage pour satisfaire aux besoins de la vie, les autres de languir dans le célibat, de peur de donner le jour à des êtres qu'ils ne pourraient s'empêcher de vouer à la misère ; ceux-ci de se faire pélerins, pour mendier de pays en pays ; ceux-là de recourir à l'instigation de procès pour vivre de chicanes ; les derniers, plus prudents et plus honnêtes, de disputer aux troupeaux quelques herbes malsaines, jusqu'à ce qu'enfin il faille mourir de faim, désespérés de vivre, puisque l'agriculture, cette mère nourricière et commune, les repousse impitoyablement de son sein par le fait du gouvernement.

Mais enfin, sommes-nous quittes avec un impôt aussi énorme ? Non, on semble avoir voulu faire peser sur nous quelque chose de plus affligeant. La loi de l'étranger, subie par la France en 1814, prononça un arrêt de mort contre la culture et le commerce de l'opium et du sel dans notre colonie, malgré que ce fût une violation de la loi du 28 septembre 1791.

Au retour de la nation française, que nous avons si ardemment désiré de revoir, et à laquelle nous nous sommes livrés avec tant de confiance, le gouvernement de 1814 nous a légué cette interdiction, en revanche, en se prêtant, contre nos intérêts, aux vues sordides d'une société de marchands étrangers ; c'est-à-dire en consentant à étouffer dans notre territoire les plus riches de nos industries ; à priver nos nombreux saulniers de l'avantage qu'ils en retireraient et qui serait beaucoup plus grand que l'indemnité disproportionnelle qu'on leur accorde ; à ôter les moyens d'existence aux ouvriers et marchands qui vivaient de ces industries ; à enlever à la population la douce faculté d'assaisonner ses aliments à meilleur marché ; à renchérir encore sur la rigueur du monopole anglais, en nous vendant à 31 pagados (258 fr. 40 c.), le sel que cette compagnie lui donne à 3 pagados (25 fr. 20 c.) ; le tout pour empêcher la concurrence d'atteindre au commerce exclusif de l'étranger ; enfin à garder silence sur les exactions des douanes anglaises qui frappent nos marchandises d'un droit de 10 et de 16 pour 100, tandis que pour leur circulation, dans leur propre territoire, elles ne paient qu'un droit de 5 pour 100 : exactions qui paraissent comme un supplice contre nous, pour aimer les Français, et auxquels on mit le comble, le plus récemment, en assujétissant à l'onéreux droit, l'or, l'argent, les joyaux, les cuivreries, et jusqu'aux bracelets de verre.

Combien ne devons-nous pas nous en prendre à nos malheurs, si les regards du gouvernement constitutionnel de 1830 ne sont pas encore tournés sur notre sort ?

Au moins, la rente de 4 lacks que la compagnie anglaise donne à la colonie, comme représentant nos industries interdites, comme dédommagement de nos privations ; pour mieux dire, comme prix de notre sang, nous profite-t-elle ? Non ; elle va tomber comme une goutte dans l'Océan du budget de la France.

L'esclavage ne peut avoir, monsieur le gouverneur, rien de plus odieux que cet état déplorable. L'idée de nous y laisser encore ne peut appartenir à un gouvernement constitutionnel, ni convenir à la dignité d'une nation qui a versé tant de sang, pour reconquérir ses droits et renoncer à toute entreprise contre ceux d'autrui.

Votre cœur ne restera pas, sans doute, inflexible à cet état critique, comme celui de ces administrateurs qui, au sein de leur palais, s'inquiètent peu du sort des administrés, et font consister toute leur gloire à défendre chaudement les prétendus intérêts du fisc, *comme s'ils consistaient à les opprimer sans moindrement fixer leurs regards sur l'état où se trouvent les contribuables, après avoir acquitté les impôts.*

Un adoucissement temporaire est donc le plus pressant de nos besoins ; si nous disons temporaire, c'est jusqu'à ce que nous rentrions dans le droit de consentir l'impôt, et que nous soyons placés dans la voie légale d'en suivre l'assiette et la répartition.. Ici, monsieur le gouverneur, de profondes douleurs nous arrachent des larmes, à la seule pensée que la paternité du roi, qui a répandu ses bienfaits sur les colonies, par la loi du 24 avril 1833, a porté une exception sur ses enfants de l'Inde

Cet adoucissement serait une imposition assise sur des bases soulageantes. Ah ciel ! de quels écueils ne serons-nous pas entourés, s'il lui arrive d'être confiée entre les mains des agents tels que, sortis d'une obscurité d'où les honnêtes et nobles sentiments sont comme proscrits, se jettent sur la campagne comme sur leur proie, et qui n'ont d'autre mérite que celui de se faire entendre au gouvernement, ni autre intégrité que celle qui a craindre leur inculque, d'autre inquiétude que celle de voir découverte leur prévarication, et d'autre zèle que celui de s'engraisser aux dépens d'autrui? Ce ne serait alors qu'ajouter à notre malheur. S'il faut charger de ce travail les cultivateurs choisis, leur état d'illétrés ne leur permet aucune appréciation exacte, aucun jugement sain, si nécessaire dans une opération aussi importante. Le gouvernement éviterait tous ces inconvénients, en prononçant lui-même une réduction de 30 % de la redevance actuelle de chaque champ, sûr et unique moyen de faire participer à ces bienfaits, tous les cultivateurs dans une juste et égale proportion.

Une chose encore vient aggraver les horreurs de la fâcheuse position où nous sommes réduits. C'est le dégrèvement disproportionnel alloué par l'article 23 de l'ordonnance du 7 juin 1828, qui ne l'accorde qu'autant que la valeur de la récolte de tous les champs cultivés d'un adamanaire, a été inférieure à la moitié du produit moyen que ces terres peuvent donner.

Si l'article 1769 du Code civil, dont cette disposition n'est qu'une reproduction, accorde pour le cas fortuit, la remise du fermage dans la proportion susdite, à un fermier, à un locataire auquel n'ont rien coûté ni l'acquisition, ni l'amélioration du champ, ni ses plantations, ni ses moyens d'irrigation permanents; qu'il est dur de régler, à la même proportion, le dégrèvement à accorder à un propriétaire contribuable, dont la fortune a servi à acquérir, à améliorer le champ et à en créer l'irrigation.

Si la contribution n'est qu'une portion des récoltes rendues par les terres (art. 17 de l'ordonnance citée), si la redevance en argent ne remplace cette contribution en nature, qui peut rendre le mode de perception moins onéreux, moins embarrassant au gouvernement; il est donc de toute justice que la perte des récoltes, s'il en arrive, soit supportée par l'administration et le cultivateur, au prorata de la part de chacun dans la récolte du champ. Si contrairement à ce principe, on oblige le dernier à payer la perte de fruits d'un champ avec ceux d'un autre, parce qu'il en a plusieurs, parce que la perte est inférieure à la moitié du produit présumé de tous, rien ne peut être plus absurde que cela; car chaque champ a des bras à nourrir, des dépenses à satisfaire; le sol qui va perdre la récolte n'épargnerait nul travail par prévoyance; si la perte en doit être réparée par le produit d'un autre champ qui a des bras et des dépenses à entretenir, de quoi pourvoira-t-on aux besoins du dernier? Les bras et les débours qu'exige un champ peuvent-ils être étendus aux besoins d'un autre? Si l'impôt existant est lourd, la portion du cultivateur dans les récoltes d'un champ peut-elle suffire à acquitter ses charges et ses besoins en même temps que ceux d'un autre?

Si plusieurs parcelles composant l'adamanom d'un cultivateur, sont possédées chacune par un tiers, que celle de ce tiers ait une perte au-dessus de la moitié du produit présumé et qu'elle ait droit alors au dégrèvement, pourquoi la même parcelle n'obtiendrait-elle pas cette faveur entre le mains de celui qui en a divers ? Ne serait-ce pas alors le condamner pour en avoir plusieurs ?

Si la récolte de chaque champ est la base de la contribution, la redevance de celui qui n'a pu être cultivé par quelque circonstance, les récoltes des autres champs doivent-elles en répondre, puisqu'elles sont supérieures à la moitié des produits présumés de tous les champs, et que ceux-ci appartiennent tous à un même cultivateur ? Ce serait une vexation de comprendre dans un système affirmatif les terres qui n'ont pu être cultivées, puisque le laboureur ne cultive pas pour payer la redevance, mais pour en tirer parti et se procurer des moyens d'existence.

De ce système résulterait donc pour les cultivateurs, en cas de perte moins grande, la nécessité de l'égaler exprès à la moitié du produit présumé de tous les champs, de peur que les récoltes supérieures à cette moitié ne lui fassent perdre le dégrèvement de la perte fortuite, mais inférieure à la proportion déterminée. Si, par exemple, les champs d'un adamanom devaient rapporter 1000 galons de grains et qu'ils n'aient pu rendre que 600 par cas fortuits, n'est-il pas obligé de réduire artificiellement les récoltes à 499 galons, pour se mettre en droit d'obtenir le dégrèvement de la perte fortuite ? Ne lui serait-il pas avantageux d'obtenir, pour la perte artificielle de 501 galons, qui doivent les produire plutôt que de n'en pouvoir obtenir, par la perte fortuite de 400 galons, pour la redevance des champs devant rapporter cette quantité ?

Si le même adamanaire qui obtient le dégrèvement lorsque le rendement est de 499 galons, n'en peut-il point obtenir lorsque ce rendement est de 501 galons, puisque cette quantité est supérieure à la moitié de 1000 galons, produit présumé de tous les champs de l'adamanaire ? Combien ce système ne choque-t-il pas à l'excès ? Voilà la différence de deux galons qui a privé le pauvre cultivateur du dégrèvement d'une grande perte.

D'ailleurs, si le rapport de tous ces champs était de 501 galons, c'est-à-dire moitié de leur produit présumé, et si la redevance doit absorber ces 500 galons, le seul qui lui en reste peut-il suffire à tous les besoins de la vie, à tous ceux de la culture ?

Le cultivateur obligé par la nature de ces choses à faire inscrire chacun de ses champs, au nom de divers individus pour avoir droit au dégrèvement, devient souvent victime de cette mesure à laquelle le réduit l'ordonnance.

Les Hindous de cet établissement vous supplient, M. le Gouverneur, de prendre en votre sérieuse considération tous les griefs qui viennent d'être exposés ; de compatir aux maux sous le poids desquels ils succombent ; de rectifier l'erreur qui a prononcé l'inexistence de propriété privée des champs à adamanom ; de porter une réduction existante des terres des trois districts, et d'ordonner que le dégrèvement sera accordé à l'adamanaire, de la redevance de chaque parcelle qui aurait éprouvé une perte ou qui n'aurait pas été mise en culture.

Ces actes de justice seront à nos yeux autant de bienfaits, qui ranimeront notre existence au moment d'expirer, et nos sentiments de reconnaissance seront envers votre excellence, les mêmes qu'envers un sauveur de la vie.

Nous sommes avec respect,

Monsieur le Gouverneur,

Vos très-humbles et très-obéissants serviteurs,

Pour le comité des notables Hindous,

Le Président,

Signé : RASSENDREN.

A M. DU CAMPER

Capitaine de Vaisseau de première classe, Gouverneur des Établissements Français dans l'Inde.

Monsieur le Gouverneur,

Un plan de détail composant le parcellaire d'Olandé, par propriété et par nature de terrain, vient d'être dressé sur l'ordre du gouvernement.

Comme les propriétaires n'ont pas été présents à la levée du plan de leurs champs ; comme les arpenteurs ne se sont pas fait représenter, du moins, le titre propriété de chaque champ, pour se régler sur l'étendue qu'il lui assigne, le plan levé ne peut point être régulier, puisque les propriétaires, ne visitant que rarement leurs champs, les voisins profitent de cette longue absence pour reculer les bornes de leurs champs, pour empiéter sur ceux d'autrui. L'arpenteur n'aura toisé que tel qu'il voyait et non tel que les titres de propriété le voulaient. Quelle serait dès-lors une imposition assise sur une pareille erreur d'étendue ?

Ce n'est pas tout : on fait cette imposition sur une évaluation qu'on présume arbitrairement du produit du champ, tandis qu'en équité il ne doit être évalué qu'au terme moyen pris sur les produits constatés de quinze années.

D'ailleurs, l'impôt foncier ne doit frapper que le produit net du champ (loi du 18 avril 1831). Ce produit ne s'obtient qu'en déduisant, du produit brut, les frais de culture, de semence, de récolte et d'entretien. (*Droit administratif, t.* 2 *Appendice, p.* 63.) La loi française règle la portion à payer, sur le produit net, au gouvernement par le cultivateur comme suit :

« Elle ne pourra jamais excéder le sixième du revenu net. Cette contribution sera perçue
» à raison de leur revenu net, c'est-à-dire sur ce qui reste au propriétaire ou au fermier,
» après qu'il a retiré de sa récolte une quantité suffisante pour payer les frais de culture,
» de semence, de récolte et d'entretien. Cette manière d'imposer les terres est la seule
» avouée par la nature et qui ne nuit pas à l'agriculture. » (*Loi du* 23 *novembre* 1799.)

Examinons. Qu'est-ce que dit à cet égard la loi hindoue *Manou*, livre 7, stance 130 ?

« Peut être prélevé par le roi , la huitième , la sixième ou la douzième partie sur les grains,
» suivant la qualité du sol et des soins qu'il exige. »

On ne voit, monsieur le Gouverneur, professer aucun de ces principes dans l'imposition
qui vient d'être commencée. Au contraire , on y calcule., à raison de la moitié du produit
brut, la portion à payer au gouvernement par le cultivateur, d'après l'article 17 de l'ordonnance locale du 7 juin 1828 , dont les vices ont provoqué les commissions des 2 septembre
et 13 juillet 1841 , chargées d'en proposer les modifications.

En imposant sur le pied susdit, qu'est-ce qu'il resterait au cultivateur de sa récolte?
Rien. Que le gouvernement essaie donc cette vérité en cultivant lui-même.

Enfin, la manière d'imposer dont il s'agit, n'est conforme ni aux lois françaises, ni aux
lois hindoues. Régissez-nous donc, monsieur le Gouverneur, selon l'une ou l'autre. Si vous
ne voulez pas que la nôtre nous profite, que la vôtre, du moins, règle notre sort. Quelle
différence y a-t-il entre nous et les sujets de la métropole , si ce n'est que nous sommes
faibles et malheureux ? Notre position n'est-elle pas dès-lors plus à plaindre, plus digne de
pitié ? Doit-on montrer envers nous de la dureté qu'ils ne peuvent souffrir ? Un semblable
procédé peut-il appartenir à un cœur humain ?

Fût-il réservé, monsieur le Gouverneur, à votre administration paternelle d'exécuter
contre nous une imposition aussi affligeante? Laissez-vous toucher de nos maux , de notre
misère ; rapportez cette désastreuse imposition, ou suspendez-là jusqu'à ce que le ministre
décide sur notre réclamation. Vous emporterez avec vous notre reconnaissance et nos
regrets.

Pondichéry, le 15 mai 1844.

L'organe des propriétaires de terre à Olandé,

Signé Moutoussamy.

PIÈCES JUSTIFICATIVES..

PONDICHÉRY.

N° 1. — 1791. — Bail à ferme pour huit années, à compter du 1er juillet 1790 jusqu'au 30 juin 1798 inclusivement, de toutes les terres dépendantes de l'aldée d'Oulgarèt, que le nommé Abraham Modely, à qui cette ferme avait été définitivement adjugé le 14 juin 1790, a consenti ainsi que le nommé Nallitamby Bélévindrin Poullé, sa caution, de transporter aux natars et habitants laboureurs d'Oulgarèt.

Camille-Charles Leclerc de Fresne, chevalier de l'ordre royal et militaire de Saint-Louis, colonel, commandant le régiment de l'île de Bourbon, commandant à Pondichéry, en l'absence de M. le gouverneur-général, de tous les établissements français à l'Est du cap de Bonne-Espérance ;

Et

Louis Léger, commissaire des colonies, ordonnateur à Pondichéry et des établissements français dans l'Inde, président du conseil supérieur de Pondichéry et des conseils provinciaux qui en dépendent.

Aujourd'hui lundi, dix-septième jour de janvier 1791, nos administrateurs susdits, ayant en conséquence des plaintes portées par les natars et les habitants laboureurs d'Oulgarèt contre le nommé Abraham Modely, fermier de ladite aldée, fait comparaître devant nous ledit fermier et Nalitamby Bélévindrin Poullé, sa caution, ainsi que les natars et les habitants de ladite aldée d'Oulgarèt, pour terminer la discussion élevée entre eux, *à raison du refus fait par lesdits natars et habitants, de payer le varom, pour les terres qu'ils cultivent;* quoique par la teneur du bail passé audit Abraham Modely, ayant refusé l'adamanom à eux primitivement offert par le fermier, l'alternative du varom soit devenu obligation de rigueur, Abraham Modely et Bélévindrin Poullé, considérant *les suites pénibles du refus obstiné et publiquement manifesté* en notre présence par lesdits natars et habitants de se soumettre aux conditions du bail, et s'étant déterminés, par zèle pour le bien public, à faire le sacrifice de leurs droits, et l'abandon dudit bail, afin de nous laisser la liberté de le transporter aux natars et habitants, nous avons accepté l'abandon dudit bail et en avons, en conséquence, fait immédiatement le transport aux natars et habitants d'Oulgarèt, aux mêmes clauses et conditions insérées dans ledit bail, passé le 14 juin 1790, à Abraham Modely; lesquelles conditions forment douze articles ci-après détaillés, et en outre aux conditions séparément détaillées en cinq articles, mis à la suite des douze du premier bail...

Art. 4. — *Le fermier laissera aux laboureurs la liberté de payer la redevance de leur possession, par adamanom ou par varom*, bien entendu qu'une fois le choix fait par les habitants, il ne leur sera plus libre de changer la nature du paiement, dans le cours du présent bail, à moins que le fermier n'y consente.

Dans le cas où un habitant, après avoir choisi le varom, ne cultiverait pas la totalité de ses terres, soit par paresse, soit par mauvaise volonté, il sera libre au fermier de donner la totalité desdites terres à un autre cultivateur, *à la charge, par ledit fermier, de faire payer audit propriétaire sur la part du nouveau cultivateur, cinq pour cent ou plus,* suivant qu'il sera ordonné par MM. les administrateurs.... ....
..•..

Art. 8. — Si dans le cours du présent bail, il est fait quelques concessions par MM. les administrateurs dans le territoire d'Oulgaret, il sera accordé au fermier un dédommagement proportionné *à la redevance qu'il percevrait, soit par adamanom, soit par varom,* sur les portions de terres ainsi concédées. A cet effet, le fermier fournira le plus tôt possible à MM. les administrateurs, l'état détaillé des arrangements qu'il aura pris avec les cultivateurs, pour *les redevances de leurs champs à varom ou par adamanom;* cet état sera signé du tabellion de chaque aldée, et entièrement conforme à celui qui restera déposé chez lesdits tabellions.............
....

Signé, Vigéaroja Modely, Sacreapa Modely, Candapa Modely, Candassamy, Condaretty, Moutaya Odégan, Sinna Cavoundin, Naragana Cavoundin, Poungava Noucavoundin, Colacara Odéyau, Tandavaray Cavoundin, Moutsuretty, Coutiapoulé, Moutaya Modaly, et en français, de Fresne, Léger et Blin de Grincourt.

Pour copie conforme à l'original déposé au contrôle de la marine à Pondichéry,

Signé, BLIN.

Traduction des actes de donation qui se trouvent écrits sur une plaque de cuivre.

N° 2. — *L'année chrétienne* 1695. — L'an 1616 de l'époque du prince Solivaganem qui revient à l'année Tadou (de l'époque de soixante), le 1ᵉʳ sitterey. *Nous, Nallatamby Modeliar et Ajagapa Modeliar de Mourgapacom avons donné* 150 *cougis à petits grains maniom pour la Chaudrie, étang, jardin, à fleurs, à toppe, que Tirouvambala-Nilagarey Naïnard fait. Nous les avons donné a Tandavalambiran;* si quelqu'un y met obstacle, il encourra le crime du péché de celui qui aura tué la vache du titous noir, au bord du fleuve Ganga. Idem, donné en *maniom,* 50 cougis à petits grains, situés à l'Ouest de la Chaudrie; 32 cougis, situés à l'Est, à l'endroit nommé Manil-Vély (terrains sablonneux). La famille de celui qui usurpera ce terrain sera anéantie.

Signé, TIROUVAMBALAN, NALLATAMBY et AJAGAPIN.

N° 2. — *L'année chrétienne* 1697. — L'année 1618 de l'époque du prince Salivaganem, qui revient à l'année Vegoudania (de l'époque de soixante), le 15 aug. Nous, Carrouppappouritiar, Parissouritiar, Connéricavoundin d'*Arriancoupon* avons *donné en maniom* à Tandavatambiran, fils de Nagalinga Tambiran, pour la Chaudrie que Tirouvambalani Langaré Naynard avait fait bâtir à Tandavatambiran, savoir : — Nous avons donné 30 cougis à petits grains à l'endroit nommé Manilvely (terrain sablonneux), qui est à l'Est de ladite Chaudrie. Si quelqu'un y met obstacle, il encourra le crime de celui qui a tué la vache du titous noir au bord du fleuve Ganga.

Signé, CARROUPPAPPOURITTIAR, PARISSOURITIAR et CONNÉRICAVOUNDIN.

Je soussigné interprète en chef du roi au conseil supérieur et au tribunal de la Chaudrie, certifie les traductions des autres parts véritables. A Pondichéry, le 30 mai 1789,

Signé, MARIDAS.

Pour copie, signé LÉGER.

N° 3. — Extraits des procès-verbaux d'adjudication.

L'an mil huit cent vingt-six, le deuxième jour du mois d'octobre, sur les quatre heures de relevée, en vertu de l'ordonnance du tribunal de la Chaudrie de Pondichéry, en date du 29 septembre dernier, à la requête du nommé Arombuté Couttiapoullé, Vingadassa-la-Poullé, représentant légitime de la famille de feu Appuvon Poullé de l'Hôpital.

Nous soussigné greffier du Tribunal de la Chaudrie de Pondichéry, étant dans la salle des audiences d'icelui, en présence de Me Jean-Baptiste Cacy, assesseur commissaire nommé à cet effet, et assisté des nommés C. Chaveria Coutty, greffier malabar, et Manuel Savaragen, interprète principal du tribunal, après les annonces faites et les affiches apposées y lieux accoutumés de cette ville, le tout du jour d'hier, avons fait faire la première criée et publication du *fond*, *très fond* d'un champ à Nelly appelé Mouly-Pallaom (adamanom)..............................
....

N° 4. — Nous soussigné greffier du tribunal de la Chaudrie de Pondichéry, reconnaissons avoir reçu du nommé Sababady Modely, fils de feu Caudassa Modely (adamanom), dobachy de M. Collin, adjudicataire du champ de Nelly, mentionné au présent procès-verbal de vente, et vendu à la folle enchère du nommé Moutoussamy Modely, la somme de deux cent dix roupies pour le prix de ladite adjudication, et celle de *cinq roupies deux fanons* pour les *lods* et *ventes* dus au domaine, dont quittance.

Pondichéry, 25 mai 1827.

Signé, MARCHAND, *greffier.*

N° 3. — L'an mil huit cent vingt-six, le deuxième jour du mois d'octobre, sur les quatre heures de relevée, en vertu de l'ordonnance du tribunal de la Chaudrie de Pondichéry, en date du 29 septembre dernier, à la requête du nommé Aroumbaté Couttia Poullé Virgadassala Poullé, représentant légitime de la famille de feu Appuvon Poullé d'Hôpital, nous soussigné greffier du tribunal de la Chaudrie de Pondichéry, étant en la salle des audiences d'icelui, en présence de Me Jean-Baptiste Cacy, assesseur commissaire nommé à cet effet, et assisté des nommés Chavracsutty, greffier malabar, et Manuel Savaragen, interprète principal du tribunal, après les annonces faites et les affiches apposées y lieux accoutumés de cette ville; le tout du jour d'hier, avons fait faire la première criée et publication du *fond* et *très fond* et *propriété* de deux terrains (adamanom) appelés Candjantauguel, sis à Charan Pacarsiadanfult......................
....

N° 3. — L'an mil sept cent quatre-vingt-seize , le sept mars , sur les quatre heures et demie de relevée , en vertu d'ordonnance du tribunal de la Chaudrie de Pondichéry, en date du 4 courant , rendue en exécution de sentence dudit tribunal du douze avril mil sept cent quatre-vingt-seize , à la requête du nommé Vilaydon Modely.

Nous, commis greffier dudit tribunal, étant à la salle d'audience d'icelui, assisté des nommés Ajagapin, greffier malabar, et Tirouchel Varayen, interprète, après les annonces faites et les affiches apposées y lieux accoutumés de cette ville ; le tout du jour d'hier, avons fait faire la première criée et publication du *fond, très fond, propriété* et *dépendance* d'un terrain du Petit-Grain , situé au Cautasa d'Olandé (adamanom), appartenant à Pajani Apamodely.

N° 4. — Nous, greffier du tribunal de la Chaudrie, soussigné, reconnaissons avoir reçu du nommé Routiracoudy Modely, adjudicataire du terrain (adamanom) porté au procès-verbal des autres parts , la somme de soixante-seize pagodes courantes pour le prix de ladite adjudication et celle d'une pagode aussi courante et vingt-et-un fanons trente-huit cachy pour les *lods* et *ventes* dus au domaine, dont quittance.

Pondichéry, le 9 mai 1796.

Signé MENTION. — Collationné MENTION.

N° 3. — L'an mil sept cent quatre-vingt-seize, le sept mars, sur les quatre heures et demie de relevée, en vertu d'ordonnance du tribunal de la Chaudrie de Pondichéry, en date du 4 du présent mois, mais rendue en exécution de sentence dudit tribunal du douze avril mil sept cent quatre-vingt-seize, à la requête de Vilaydon Modely, nous, commis greffier dudit tribunal, étant en la salle d'audience d'icelui , assisté des nommés Ajapagin, greffier malabar, interprète , après les annonces faites et les affiches apposées y lieux accoutumés de cette ville , le tout du jour d'hier , et vous fait faire la première criée et publication de *fond, très fond, propriété* et *dépendances* de deux portions de champs à Nellis, situées au canton d'Olandé, au sud-ouest de cette ville , appartenant au nommé Pagianapa Modely, lesdits terrains (*adamanom*), suivant le rapport de M. Bayom..
....

N° 4. — Nous, greffier du tribunal de la Chaudrie de Pondichéry, soussigné, reconnaissons avoir reçu du nommé Routiracoudy Modely (adamanom), adjudicataire des champs de Nellis portés au procès-verbal de l'autre part, la somme de quarante pagodes courantes pour le prix de ladite adjudication , et celle d'une pagode courante pour les *lods* et *ventes* dus au domaine , dont quittance à Pondichéry , le neuf mai mil sept cent quatre-vingt-seize

Signé MENTION. — Collationné MENTION.

N° 5. — Remarque de M. Joyau, rapporteur de la commission d'agriculture , au Conseil général de Pondichéry , sous la date du 15 janvier 1841 , dans son tableau de répartition des terres entre les cultivateurs :

« On dit que le revenu est brut , car, outre la redevance , il faut encore déduire les frais de
» culture, qui, terme moyen, sont de 30 ℅ ; en outre, souvent le rendement ou la récolte est
» loin d'atteindre le chiffre déterminé au tableau , en sorte qu'il ne reste au cultivateur que le
» prix de son travail, compris dans les frais de culture , et quelquefois moins que cela , et,
» quelquefois aussi , rien du tout, et même moins que rien. »

N° 6. — TABLEAU présentant le détail des frais pour la culture en Nelly d'un cani de 5,760 pieds carrés dans les districts de Villenour et Bahour.

	R.	F.	C.
Loyer des charrues et de divers instruments aratoires....................	1	»	»
Loyer des bœufs et salaire des journaliers employés au labourage........	2	4	»
Semaille...	2	»	»
Sarclage..	2	»	»
Coupe..	1	»	»
Transplantation..	»	4	»
Arrosage	*Pour Mémoire.*		
Total : 21 francs 60 centimes, soit......................	9	»	»

Quelques-uns de ces frais se trouvent être doublés dans le district de Pondichéry.

Si à raison de la sécheresse qui est la plus ordinaire, l'eau vient à manquer, il faudra arroser au moyen de la picotte. Cette dépense, si elle est faite, absorberait quelquefois les avances du laboureur ; la récolte suffisant à peine à la couvrir.

Si on prend le terme moyen des récoltes, on n'aura qu'un produit annuel de 30 galons par cani.

La moitié de ces 30 galons est au gouvernement, suivant l'ordonnance du 7 juin 1828. Les 15 galons restants au cultivateur évalués au taux invariable fixé par la même ordonnance valeur 3 pagodes étoile, soit 25 francs 20 centimes. En y déduisant pour frais 9 roupies, soit 21 francs 60 centimes, il reste donc au laboureur 3 francs 60 centimes par cani.

Si l'on considère que les frais peuvent être beaucoup plus considérables encore ; si l'on considère, d'un autre côté, que la récolte peut être au-dessous du nombre des galons déterminé et que le prix effectif de Nelly peut être moindre que 1 pagode par 5 galons, on peut apprécier ce qui reste au cultivateur de sa récolte, souvent rien, moins que rien , ou, tout au plus, le strict salaire de son travail comme journalier.

TABLEAU DE RÉPARTITION

Des Terres entre les Cultivateurs, établissant le chiffre approximatif du revenu annuel de chaque famille, année fozely 1839-1840.

NOM DU DISTRICT et DE L'ADÉE. (2)	NOMBRE DES FAMILLES. (3)	CHIFFRE DE LA RÉCOLTE de CHAQUE FAMILLE. (8)	ÉVALUATION EN ARGENT. (4)			REVENU BRUT (5) POUR LA FAMILLE après DÉDUCTION DE LA REDEVANCE au taux de 50 %. (6)			
			Pag.	E. fr.	c.	Pag.	E. fr.	c.	
District de Pondichéry.	3	400 galons et au-dessous.		80	»		40	»	
	1	300 do		60	»		30	»	
	7	250 do		50	»		25	»	
Aldée de Sarompacom.	4	200 do		40	»		20	»	
	20	150 do		30	»		15	»	
	18	100 do		20	»		10	»	
	15	70 do		14	»		7	»	
1540 Canis (1-7)	16	60 do		12	»		6	»	
répartis	68	50 do		10	»		5	»	
entre 109 familles.	62	30 do		6	»		3	»	
	295	20 do		4	»		2	»	
District de Villenour.	4	300 galons et au-dessous.		60	»		30	»	
Aldée de Villenour.	4	200 do		40	»		20	»	
	11	150 do		30	»		15	»	
	40	100 do		20	»		10	»	
1084 Canis	63	60 do		12	»		6	»	
répartis	91	30 do		6	»		3	»	
entre 296 familles.	83	10 do		2	»		1	»	
District de Bahour-Bahour.	5	900 galons et au-dessous.		180	»		90	»	
	8	300 do		60	»		30	»	
	7	200 do		40	»		20	»	
Aldée de Bahour.	17	150 do		30	»		15	»	
	30	100 do		20	»		10	»	
1390 Canis	49	60 do		12	»		6	»	
répartis	44	30 do		6	»		3	»	
entre 196 familles.	36	10 do		2	»		1	»	

(1) L'année fazely est l'année de culture : elle suit l'ère de l'Égire : elle se compte du mois de juillet au mois de juillet de l'année grégorienne.

(2) Le tableau ne comprend pas tout le territoire, mais seulement une des aldées les plus riches de chaque district ; ainsi l'on peut admettre que la population est généralement beaucoup plus misérable que ne l'établit ce tableau.

(3) Cette colonne détermine le nombre familles qui sont dans la même position de fortune ; ainsi il y a trois familles dont chacune récolte 400 galons et au-dessous, il y en a 295 dont chacune ne récolte que 20 galons et au-dessous, etc. Chaque famille est ordinaire ment composée de quatre personnes et pour cultiver quatre canis.

(4) A raison de cinq galons par pagode à l'étoile, ou 1 fr. 68 c. par galon (ordonnance du 7 juin 1828, art. 17, 5e alinéa).

(5) On dit que le revenu est brut, car, outre la redevance, il faut encore déduire les frais de culture, qui, au terme moyen, sont de 30 %, en outre, souvent le rendement où la récolte est loin d'atteindre le chiffre déterminé au tableau, en sorte qu'il ne reste au culti-vateur que le prix de son travail compris dans les frais de culture, et quelquefois moins que cela, et quelquefois aussi rien du tout et même moins que rien.

(6) Ordonnance du 7 juin 1828, art. 54.

(7) Mesure agraire du pays, le cani est de 5351 mètres 02 ; il se divise en 100 coujis, le coujis en 16 parties.

(8) Mesure du pays.

(9) La pagode à l'étoile est de 8 fr. 40 c.

Pondichéry, le 15 janvier 1841.

Le rapporteur de la Commission d'agriculture,

Signé J. JOYAU.

Pour copie conforme :

Le secrétaire du Conseil général,

Signé J. JOYAU.

Vu : le président,

Signé P. DE ROSIÈRE.

AVIS.

On va recommencer les travaux du cadastre. Le gouvernement espère que tous les habitants contribueront de leur pouvoir à l'exécution de ces travaux très avantageux, en comprenant et appréciant toute leur utilité.

Le cadastre a pour objet : 1° D'établir exactement l'étendue et les bornes de chaque champ; 2° d'en fixer la redevance invariable; 3° de déterminer la proportion dans laquelle le cultivateur de chaque champ doit participer aux irrigations communes; 4° de constater les servitudes auxquelles est sujet le champ.

Le résultat de ce travail serait : 1° De donner de la force et de la consistance à des droits qu'on n'a pu facilement connaître jusqu'à ce jour; 2° d'éviter à l'avenir aux habitants, des procès ruineux entre eux, relativement aux limites de leurs champs.

Les cultivateurs pourront à l'avenir se livrer à toute amélioration dans leurs champs, sans craindre qu'on augmente de nouveau leur redevance fixée par le cadastre dont il s'agit.

Les cultivateurs n'auront plus à continuer le paiement des droits dont il s'agit dans l'article 54 de l'ordonnance du 7 juin 1828.

Ils ne doivent pas se laisser abuser par des mauvais conseils, ni suivre les exemples pernicieux.

Ceux qui jouissent des terres sans titres ou par des titres nuls, ou par usurpation sur les terres domaniales ou sur celles des voisins, doivent seuls s'effrayer dans cette circonstance, où l'on va établir les droits de tous d'une manière évidente et invariable. Si les cultivateurs jouissant des droits légitimes aidaient lesdits fraudeurs dans leurs prétentions, ils n'agiraient que contre leurs propres intérêts. Ils seront, de plus, regardés comme favorisant les séditieux, que le gouvernement ne manquerait pas de punir (*a*).

Le 13 mars 1845.

Le receveur des domaines,

Signé WEISS.

Vu, le sous-commissaire de marine, chef du service administratif par intérim,

Signé BARRET.

(*a*) Ce n'est pas contre le cadastre proprement dit, ni contre les avantages dont on nous berce que nous réclamons, mais bien contre le système de l'imposition et l'excessive augmentation de nos redevances, qui en est la suite.

Que la Chambre remarque dans l'avis ci-haut rapporté, l'exécution violente que l'administration locale se propose, de l'imposition ruineuse dont il s'agit.

Ce n'est pas que les habitants sont naturellement séditieux; c'est le gouvernement qui, par son injustice et ses vexations, les provoque et les punit, pour s'écrier contre l'oppression.